AF583068

SONROJADA SINFONÍA

Pilar Mendieta Paredes

EDIQUID

SONROJADA SINFONÍA

Editado por: Corporación Ígneo, S.A.C.
para su sello editorial Ediquid
José Olaya 169, Ofic. 504, Miraflores. Lima, Perú
Primera edición, octubre, 2024

ISBN:978-612-5160-42-3
Tiraje: 100 ejemplares

Hecho el Depósito Legal en la Biblioteca Nacional del Perú N° 2024-08251
Se terminó de imprimir en octubre de 2024 en:
ALEPH IMPRESIONES SRL
Jr. Risso Nro. 580 Lince, Lima

www.grupoigneo.com
Correo electrónico: contacto@grupoigneo.com | Teléfono: +51 955 071 270
Facebook: Grupo Ígneo | X: @editorialigneo | Instagram: @grupoigneo

Colección: Nuevas Voces

Contenido

Para mis padres Adalberto y Lucía

Los ángeles son amigos.

Para Maruja Yupari, Maritza Quintanilla,
Ricardo Caro y Elmer García

LA REINA AÚN NO SE PRONUNCIA

CANTO A LA VIDA NUEVA

Revolución
Los tambores marchan y cantan enfurecidos
Luces y reflectores
En el campo de batalla
Los soldados atentos
La reina aún no se pronuncia
Dictan un plan
La consigna es luchar
Se escuchan voces
Llamadas
Desesperación
La madre dormida no sabe nada
En la sala de espera
La impaciencia
El acontecer
Celebran
La madre despierta sonríe tranquila
Mira el campo de batalla
Sus ojos fijos
El cielo y su esplendor
Hay cánticos y dulces de colores
De pronto el cielo se torna gris

Sollozos y desesperación
El padre de rodillas pide clemencia
¿El cielo se enfureció?
¿Quién sabe por qué?
Mil tambores como campanas suenan y resuenan
El corazón está asustado
Es valiente
Triunfo —se escucha
Ellos se arman con impecable blancura
Algunas mujeres
vestidas de blanco y verde olivo
Todos marchan
Luchan
Todo terminó —dice alguien
un soplo de vida prospera
Conocimiento y fuerza
Han luchado unidos
La gracia viene del cielo
la espada de la gloria
Abrazados festejan a la vida nueva
Los flashes relampaguean
Un niño y una niña acaban de nacer.

ELLAS SON ESTRELLAS

Las estrellas pintan y escriben
Sobre el manto de terciopelo en la noche juegan
Dejan felicidad
Sus grandes ojos de colores
Guiñan y enamoran
Bailan la noche
seducen y embriagan
Hasta el amanecer
Las estrellas cierran sus ojos
El sol brilla
Más allá fuente de agua fresca
Canta el día entero
Ellas son estrellas.

TRES VECES

Un casino lleno de luces y poder
Autos en la puerta
Y taxis
Tiro los dados y miro sin mirar
Obstáculos
Una fiesta
En silencio la vida
Un cigarrillo se enciende
Una apuesta
Una llegada
Murmullos
Un pez que brinca
Tres veces
Se ha ido
Otro que habla
Una mano extendida tira los dados
El sonido retumba
La suerte
Cada madrugada
Una conversación

ANTRO

Las mentes hablan
las lenguas de mil colores definen sin definir
espantos
caminos de locura
un antro de mil colores
luces sobresaltan el jadeo
palpita el deseo
la maraña habla
exigencias risas y miserias
cantan los grillos
ladran los perros
luces y flores
aunque graznen los gansos o las gaviotas
una voz se escucha y busca la salida
y se detiene
el camino difícil dibuja nobleza
pero la crueldad es goce y placer
un ángel y un demonio van al más allá
sintonizan
pintan el antojo
miran y no miran
la alta suciedad.

AÍDA

Aída me llamaste un día
Aída? —Te pregunté
Falsa y precisa fue la respuesta
Certera
Como la bala mejor puesta en la presa
Aída —pensé
Y seguía rondando
Y mi mente corría veloz
Aida para qué?
Quise dar vuelta a la página
Olvidar
Pero Aída llegó
Esa tarde llegó
Con maletas y todo
Llegó
Con carro y todo
Descapotable color fucsia
Techo amarillo
Gran sombrero negro y lazo rojo
Buena compañía
Un pañuelo ceñía su cuello
Zapatos rojos taco aguja
Vestida de negro y una rubia cabellera
Sabía a belleza
Delgada o gorda no la recuerdo
Sólo su perfume
Aída respondía.

MIRIAN

Cintas doradas la acarician
Senos apetecibles y tersos
Bellos conjugan con su ser
Un lazo negro como avellana cae en sus caderas
Es Mirian
El hermoso vestido rojo como el carmín
Que lleva en los labios
Hablan sonrojados y embriagan
Provoca los sentidos como droga
Ella saborea el sabor de sus labios
Y un guiño delicadamente sale de sus ojos
Besos y caricias por un hombre
Que se arrimó a su lado
El vestido alto y acampanado en la noche
Para el hombre que la mira
Mirian maneja la sonrojada noche
Los hombres la miran
Ciñe la delicada cintura un hombre
La junta la pega
Mirian salta el suplicio
Suena y tiembla el momento
Es lluvia sobre la tierra
Trae riqueza y abundancia
Ella y él se miran
La lluvia ahoga la complicidad y sonríen
Él toca más de la cuenta

El convento cerrado y el olor a fría humedad
Se palpa en los sentidos
Sus amigas sonríen y conversan
Hacen beber a los hombres
Es hermosa dice uno que espera
El rostro pálido
La colombiana es novedad
El vientre el bulto y la sonrisa
Camina sin despojos y viene
Agua de lluvia
Mirian es la colombiana
Los ojos delirantes como dardos hablan
Sin palabra
Treinta y dos años han pasado en su vida
Es una edad maravillosa -pienso
Fresca y dulce como las uvas
Como el aguaje
Como las avellanas
Toda ella por la mañana
La piensan
En la mina debe estar
Un novio un hijo una llegada
Lady es el día y la noche
Una sonrisa dibuja la respuesta.

CLARIDAD

Un amanecer incrédulo
Enturbió el anochecer
Como un disparo en la mente
La sangre
¿Quién se fue
y quién quedó?
El vientre clama
se retuerce
El viento descifra y embriaga
Él está borracho
Hasta con una venda en los ojos
Todo es claro
Siniestro
Los demás están confundidos
Una apuesta
Y su nombre en mis oídos.

SUSURRO

Un canto al viento
en el oído mil melodías
unas azarosas y otras revoltosas
canto tu nombre
y el viento responde
con una sinfonía.

ESQUIVO

Esquivo como verde mar
me mira toca y se va
como el agua entre los dedos se va
entre las olas se va
y no vuelve más
hoy día lo vi
arrebatado
jalando un tronco lo vi
en la orilla
como pez se escondió en el mar
en aquella orilla
perece de amor por mí.

TIEMPO

Un presente en el pasado
Tiempo que firma el pensamiento
El camino de la vida
De una tarde
¡No lo sé!
Sin sabor que delata
Recuerdo para olvidar el presente
Noche
Tiempo que contempla
Vivir y ser feliz.

LA SONRISA DE BERENICE

Una carta
Él relata obscenidades
Golpes de pecho
Insultos a sí mismo
Sujeta la cabeza entre sus manos
Sus nudos estalla contra la pared
Sus ojos en llamas
Luego ella
Es sabia
Pero el miedo la consume
Mil girones en la puerta
Golpes
Hasta las flores sollozan
Él
Empobrecido sonríe
Un cartel dice te amo
Mil piruetas para encantar
Voltea
Un vestido como rosal ensangrentado
Y la leve sonrisa de Berenice
Decía payaso.

EL AMOR UN CAUDAL

LLUVIA

Son gotas de lluvia
se escuchan en el mar
se pierden en el infinito
es agua que alimenta la tierra
la hace fuerte
intensa y sonora
mi cuerpo hace fiesta contigo
aquí y allá
es lluvia dulce
como lágrimas llega a ti
en una tarde de sol
en una sequía
una fiesta armaría.

AMOR

Sin palabras
Como fuego ardían
El amor quemaba
Ni una llamada
Un beso en la memoria
para un cumpleaños recordar
el silencio aviva el día
los días y su voz
el amor ronda en mi cabeza
anclado quedó
tan lejos y tan cerca
atornillado en el vaivén
una consulta y algo más
ella se quedó sin contestar
aquí estoy
un beso y bailamos
le gusta el baile y algo más?
él y ella
un enigma del amor
caminar juntos de la mano
La Habana extrañó
el corazón late
el sueño responde
una flor por nacer
ella en la orilla quedó.

MARGARITA

De belleza exorbitante
Ella canta y baila
Y como la vida demanda
Ahora se esconde
Margarita no sabe nada
Ella es el amor
Un hombre a la espera
Le extiende los brazos
Margarita
Canta y escribe poesía
trabaja noche y día
El amor no puede más
cantan como los pájaros
La invaden
El hogar como la primavera
Margarita y los días del amor.

HISTORIA

En virtud de tu presencia te canto
hoy como ayer
el ande que espera el abrigo del sol
como espera el agua a la tierra
y la lluvia al sol
como arcoíris te veo brillar
pinta tu bondad
eres rocío
calma de amor
te busco y encuentro
como el ave temporal.

LA DESCONOCIDA

Esa mujer me regaló
Un abrazo
Cuando yo no sabía qué hacer
Lo creí todo perdido
No había palabras
Sin brújula
Esa mujer me enseñó
Un camino de bondad
El cielo y su esplendor.

LA COPA

Qué estilo
Pensé
La botella hablaba
A lo lejos
Las copas sonreían al amor
Aquella noche burbujeante
una oda a la alegría
La esperanza compartida
De aquéllos dos
Una copa
Principio y fin
La mañana le advierte
Su aroma su cuerpo
El amor un caudal.

REGALO

Una bufanda celeste como el mar y el cielo
Me trajo Salomón
De la India o del África
O del sur de Perú
No lo sé
Yo iba rumbo a la cochera y llegó una encomienda
Y allí estaba la bufanda de Salomón
Me la probé
Olía a cedro eucalipto y alcanfor
Tan fresco como esa mañana que lo conocí
Como aquella escalera que cruza mi habitación
Frente al mar te recuerdo con un cigarro y un café
Yo tenía la llave del auto en la mano
Y ésta desapareció
Yo estaba feliz con la bufanda de Salomón
Mis amigas me llamaron por teléfono
Yo sonreí y hoy no existen más
Sólo la bufanda que me trajo Salomón.

ÉL

Recuerda los besos en la alcoba
Él sabe a miel
su mirada su sonrisa
lo veo llegar
eres mío
aunque no quiera
su aroma su luz
una lucha encarnizada entretiene
el amor vence
el amor gana
y canta mientras reímos
vamos de la mano
miro el mar
dibuja tu sonrisa
sin sueño te miro
tu imagen en la alcoba
estás dormido.

INVENCIÓN

el amor es un invento
no se quien lo inventó
utilizado como instrumento
en prosa un verso al oído
la belleza que camina
se reluce en el camino
te encumbra
pero fácil se utiliza para engañar
al espíritu
al corazón y al alma
al más enamorado
a la esperanza y al placer
de un poquito está bien
aunque en nombre del amor se enlacen
con ellos
las mentiras tras la oscuridad
la percepción de la luz
sale con la poesía
en silencio
se dice todo
por amor
sexo y placer
réplica del mundo mundano.

COMO UN DIOS DEL MAR

Reía y veía
Era adrenalina
La firmeza de su vientre
confianza y rutina
Ella era fuerte
Él como un dios del mar
Pura alegría
pura bondad
El cambio brusco hacía olvidar
Con café y chocolate al paso
Encontrará serenidad
Pero esta noche
Ella baila y él
El sombrero alcanza y copa
Un trago y dos para la sed
Lo que se hace o lo que se dice
sólo en Cuba quedará.

EXTRAÑOS

Como el agua y el aceite son
uno le canta al oído y el otro a viva voz
sin mezclarse sin saborearse
el silencio clama
la llama y se van
llegado el día se van
cada quien por su lado
una extraña melodía
dejan
cuando susurrante dibuja
tu sonrisa con la mía
un corazón entrelazado
la madrugada sonríe
son otros días
carcajadas en silencio
cantan a viva voz
la noche despierta
susurra al corazón
y el corazón responde
tu nombre a viva voz.

AL AMANECER

Como te amé te amo hoy
como ama la flor el día que amanece
como ama el rocío la noche de almíbar
el amanecer sorprende a la mañana
cuando en sus brazos dormida amanece
las estrellas y la luna se regocijan
el horizonte tiende alfombras
mil colores llevan tu nombre
amor
como te amé te amo hoy
tanto como ayer
y demasiado como mañana
y no hay nadie en el mundo
que te amé como yo.

ENCUENTRO

Sus ojos brillaban como la miel
en el atardecer
una melodía conjuga la verdad
un vino un salud
tú y yo haremos poesía —dijo
cantaba y contaba mil versos
su vida en la mía
senderos verdes y campos amarillos
violetas mil pensamientos
claveles rosas rojas
y margaritas
como trigo y cebada que miran al sol
la fuente en el agua
abundancia que brota del amor
como aves
tu vida con la mía un regocijo
te amaba y hoy más que ayer te amo
no me dejes —balbuceó
su cuerpo respondió
suspiró y sollozó
te amo —le dijo
él la acarició y la besó
paz y encanto sabe en su lecho
dulce como la miel
aquella flor bebió de su vientre
y poesía en ella le dejó

JUNIO

Soy un ángel le dijo
ella no creyó
la atrajo hacia él
le dio la mano y condujo
su lecho en el mar
acarició sus muslos fuertes
sus pechos los abrazó
el vientre junto a él se contorsionó
sus manos hablaban como hombre de mar
aquella mujer despertó
con él el mar invita
fresco incontrolable era su naturaleza
la tomó en sus manos y la sentó con él
desnudos en la orilla
cualquier día cualquier noche
un dios delicioso como el agua del verde mar
respiran su veneno
el veneno del amor
y como peces transpiran al caer el sol
un mes de junio
en el camino apareció.

EN ALTA MAR

En julio aparecen las hadas
y junto a ellas
ella está
un polizonte un amigo un cantante
y llega hasta un negociante
cantando en el barco a todo dar
una que canta
y la otra encanta
ellas dibujan el día
y el otro en el púlpito reza sin parar
los pasillos tienen letras
llevan amor y pasión
las hadas y su bondad
como carabelas en altamar.

SOBREVIVIR

ORACIÓN

Llora Cristo
y de sus lados emana
sangre
brota y da vida
él nos mira
sin decir nada
con amor infinito
misericordioso
late mi corazón
despierta mi querer
y quedo guarecida
con suaves caricias
un hijo brilla con paz y amor.

¿QUIÉN ES ELLA?

Ella viste de ternura
Los niños en su regazo
Dos son del manantial
Otro del cerro y otro de la laguna
su vida le agobia
Una denuncia en la pupila
Se llevaron a sus hijos
un dolor infinito en las entrañas
en el atardecer y en la alborada
Pasan los días pasan los años
no podrá verlos ni en mil años
Golpea y duele el encanto
un día se viste de gala
pero siempre es para nada
5 km a la redonda
predijo el infame
la sentencia del juez
Ella y su sangre
Prefieren no saber nada
de enero a diciembre
es una madre.

RENACER

Vuelve la mirada al cielo
Es un día de fiesta
Y está invitada
Maquillaje y un regalo en la sala la espera
Trabaja y limpia
una y otra lágrima en el piso
Reza el verso
sin respuesta
De día pregunta
la noche contesta
¿Qué cura mi locura?
sus hijos son
Dulce sol del paraíso estelar
y un infame se los quitó
Bendita es con su amor
Un año y otro más
Cómo pasar las noches sin estrellas
Cómo pasar los días sin sol
Aunque día de fiesta sea para renacer.

LA IMPUNIDAD

Mañana puede ser tarde
La copa cayó y explotó
Una bomba
Las palabras ausentes
Sentía y no respondía
La conversación tuvo un final
¿Cuánto vale?
¿Cuánto cuesta?
Ella disimula el fastidio
El enojo
La respiración delata
Flores para adornar la lengua voraz
Un rostro
Un cuerpo
Es mujer
Tiene respuesta
El dolor
Una sinfonía
Los límites rebasan el incierto
La impunidad.

TORTURA

La mente se vistió de blanco
Con ganas de nada
Más que viva
Muerta
En aquel mar
Una ayuda
Un ser sin ser
Toma voluntad
Y no hay más que hacer
Sólo ser.

DESAPARECIDO

Te buscamos
como busca el alfil al caballero de corona blanca
es el final del juego y ataca
se abre paso
levanta la mirada al cielo y se embarca
las estrellas pasan una a una
ya es hora —responde
ellos sin detenerse se abren paso
manejos del arte y el sacrificio
el manto cae y descubre
sorpresa
el rey habla —aquí estoy
gritos desesperados
el final de la partida llega
las mujeres lloran
otros mueven la cabeza
luces se encienden y otras se apagan
llega la oscuridad
velozmente se esconde y protege
el juego las fichas puestas
la mesa despierta
juega la oscuridad a no querer ser
el momento busca

el ganador exige
fuiste hallado —Contesta la gente
te hablo y callado respondes —Nada
si todo es nada
y lo poco es mucho
te lloramos
¿dónde te has ido?
¿dónde estás?
sal a darnos el encuentro
te buscamos en el campo
en la gran ciudad
una estrella calmada nos habla
el cielo despierta
todo está en paz
el silencio sepulcral.

Y YO TE ENCUENTRO CONGELADA

Martes
Para obviar reclamos
Regalos en la mesa
Se cocinan
Arden
A punto delicioso
Energía total
Alborotan
Ingredientes despiadados se dicen para sí
No pueden estar, pero están
Ella y sus sentidos
La vida sabe
Imaginan
Sube el borde
Consciencia inconsciente
El amor
Un regalo
Ronda la mesa
Ronda la silla

Todas se miran
Trasluz y reflejo
Vino
La belleza clama
Exige
¡Me amas!
Y yo te encuentro
Congelada
Paralizada como la gran ciudad
¡Han perdido!

ENREDOS

No soy celoso
el demonio ardía
quemaba
en su piel
el veneno en su corazón
crueldad
palabras y enredos
el cuerpo disfruta
hiere la herida
en la piel
la mente como huracán
amarte y abrazarte
vivir en el paraíso
en la mente un amor
quema
hieren y matan
¿esto es amor?

NARCISO

Mira y no dice nada
ojos cavernosos
color de insomnio
ha despertado
cuida la entrada y cuida la salida
una mano en la cintura y otra en el vaivén
ropa color insomnio
detenido
un susto la detiene y mira más
se ha puesto sus antejos negros
como espada su mirada habla
siente y presiente
como bala saltan sus ojos y rastrilla
la respiración atrapa un segundo
pienso en sonreír
escapar
él está escondido en una risa
entre los ribetes de la amargura

él
el camino tenebroso y trágico
un día pasa lento
ha amanecido
una luz a lo lejos
divisa el temporal
hace las maletas
frío como el invierno
un verano en primavera
las luces calladas
el camino más claro
es hoy.

DISCRIMINACIÓN

Señalan y torturan
apagan la alegría
es la batería
¿qué has hecho? —dicen unas voces
nada —responden
eso mismo nada
como si nada
ni perdón ni olvido.

EN MEDIO DE LA LOCURA

En el camino
En el campo
El motor de un auto ruge y cruje
Serpientes en los cerros
Alguien baja adormecido
Con peso sobre sus hombros
Olor a trago
Un perro ladra
No quiere acercarse
Aúlla
Ya es tarde
Las luciérnagas han salido
Risas y voces con color y olor
El cementerio
El cielo y el infierno
En medio de esta locura
Lo han matado —dicen
Un ataúd profanado
Sin color
Aunque digan que era hermosa
Para el guarda era hermoso
En el camino
En el campo.

EN LA OSCURIDAD

Un ser sollozante al costado de la casa
Quería respirar y no podía
Se escucha una estampida a los lejos
Silencio que duele
sangre y fiebre
Día y noche
El cuerpo fuera de sí
Agita la compostura y se sobrepone
No tengo miedo —dijo
Una voz
Segunda ola —dijo
Retumbó allá en el norte
Y avanzó
El miedo crecía
La muerte en camino
El dolor y el alma que crujen
Mil veces despertó
Estaba vivo.

SALDO

Que infortunado el ser
Violentaron a su pequeño
Un hijo
un hermano de sangre
Las entrañas se retuercen y gritan al poder
Ríos de sangre corren por sus mejillas
Tiene el corazón aprisionado
su alma vacía
Le da valentía
Y camina con paso firme
dolor que desgarra
como campanada retumba
ella sin decir nada
el pueblo a la expectativa
Vuelve atrás y mira
una mirada vacía
un hijo ha perdido
Una noche una madrugada fría
el destino regaló
un pueblo a toda voz.

TEMBLOR

Tiembla la gran ciudad
Los perros aúllan
Qué susto
Una voz grita
me llama
Me pongo el abrigo
Y también el sombrero
Busco las zapatillas
Una voz dice —el temblor me ha despertado
Se escuchan los pasos
Un llanto que llora
es de madrugada
la conciencia despierta
atrapada
Mira alrededor
Columnas ventanas y escaleras
No pueden escapar
el ruido le avasalla
La columna tiembla
responde y zigzaguea
No deja pasar

Retrocede y con impulso
A pasado
La calle la espera
La vecina desnuda
¿Acaso ha pedido algo?
¿Quién no ha salido?
El vecino con la nariz empolvada
los ojos sorprendidos
cómo el saco y las zapatillas a punto de correr
¿La mochila?
No hay tiempo para más
El temblor el temblor.

UNA HISTORIA

Sol celeste que conjuga la mañana
Caminan
Cabizbajos
La vida a media voz
Un fin sin fin
La esperanza
Se escucha
Como timbre habla
Reza
Canta
La mañana
Despierta un grito
El cielo llora
Fotografías
Como punto final.

FIESTA

Flores hermosas
negras y blancas
gente que va y viene
vestidos de blanco
algunos afrancesados
una fiesta inimaginada
perfumes
taciturnos
ácidos y acanelados
se saborean al pasar
ella y él un sueño
cómplices de su amor
los más enamorados
encandilados
el amor flotaba en el aire
y un día como ninguno
la calma de la tarde lo embriagó
la noche llevó a la madrugada
ningún ruido nos despierta
él la besa y acaricia
mira el rostro
mira su cama
se dejan llevar por su amor
la mente pierde

sus manos acarician la delicada garganta
siente como respira
quiere parar y no puede
las voces en el oído
la gente va y viene con deliciosos cócteles
whisky y vino blanco
conversaciones
la habitación con cerrojo
ningún cuerpo dispuesto
nadie escucha la tragedia
dejó huella en su amada
la mente perdida y la voz de madrugada
en los pasillos y la alcoba.

SONROJADA SINFONÍA

Soñando quedó la mujer del alguacil
ella no decidía el amor de su vida
él la amaba
y ella a él
entre cantos paredes y alabastros
poesías y canciones dibujadas al viento
el amor se respiraba en el aire
ellos eran artistas
libres como el ave como el gorrión como el colibrí
felices
la ardiente boca de ella
húmeda semi abierta cantaba para él
él gritaba brincaba sonreía y alababa
pintaba la esbelta figura de su amada
en un lienzo grabó
pasión
adornó sus cabellos color avellana
una flor aquí una flor allá
la sonrisa perfecta estrujaba la felicidad
sí que la amaba
un día más y otro día más que otro
y al otro la olvidaba
soñando seguía la mujer del alguacil
aquella madrugada despertó

recibió un golpe una puñalada al corazón
y desgarró lo más sublime
la belleza dormida
sumergida en el silencio
se iba
el cielo retumbó la noche
retumbó el día y se sentía
manchado de rojo el frío piso
en la habitación
un grito sordo que estremeció
corrí fuerte como el viento
como el águila llegué veloz
entre sinfonías pálidas y negros verduzcos
su amada yacía ahí
sin cantos entre paredes y alabastros
tendida
pálida como el blanco piso
su vida se convirtió en nada
un día como cualquiera
el artista en la habitación
no existía
arrodillado clamaba al cielo
piedad
la sonrojada sinfonía del amor entre alabastros empalideció.

COMO CEMENTERIO SIN GUARDIÁN

El mar rugía como león herido
Una mancha negra en su lomo adherida
Arrasada por la corriente
El traje turquesa
estaba contaminado
lo habían ensuciado
nadie entendía
solo los pescadores
Un temblor de magnitud punto cero
Una mentira un embrollo
El viento reclama
con aullidos de dolor lo abraza
La mancha
Galopante avanza
se dispersó
la corriente de sur hasta el norte
lució enfurecida
la ecología marina
En cien años no revivirá
El mar ruge como león herido
Y los muertos en la orilla
Como cementerio sin guardián.

EN PAUSA

La mente en blanco
Habla mucho y no dice nada
La vida como remolino
Tortura
Es veloz
A veces tranquila
Loca
Cala su camino
Muy de madrugada
Y es otro día
Brotan y nacen madreselvas
Yo sólo quiero tener
Vida.

ESPERANZA Y PLACER

enclaustrados en su isla
una cárcel
aquéllos los acechan
reprimen y torturan
en la piel
en las voces
nadie quiere hablar
es prohibido —Dicen
eso no se dice!
a la mujer se cuida
todos saben
es cultura
la llamada prostitución
aunque en otros países se regalen a toda luz
o tan solo la llamen casualidad
al amor de una noche
¿la diferencia?
si
una tiene valor y otra sin valorar
un valor que refleja la esperanza
y la otra refleja el placer
una es un servicio
y la otra puede ser.

NO DICE NADA

¿Es sordo?
Su ser escucha
El teléfono timbra
Él no contesta
No recuerda nada
Mira la televisión
¿Será un amor que en el olvido dejó?
Él es bueno
Es sin nada
Sin compromiso comprometido
Habla
Su amor suena y rebota en la pared
¿Es amor?
No dice nada
Mira las palabras de un libro en las manos
Habla
Sus ojos no ven
Su voz no dibuja
Palabras
Sin pronunciar
Su amor quedó congelado

NO PODRÁS QUEDARTE

Querer irme contigo
es una fuerza que me invita hacerlo
duele el corazón
clama hasta el gemido
aunque quiera estar contigo
aunque quiera que te quedes conmigo
me abraces y me beses
no podrás quedarte
aunque signifiques todo
imposible amor.

MARIPOSAS & GOLONDRINAS

El camino es ancho pero angosto para ellos
los sureños conmueven
el silencio llora la vida
sus muertos
cuerpos que palpitan
un hijo un esposo
entrañas desgarradas
duelen como piedras en los pies
esteritos de la plata
tranquilo y engañoso como el apacible mar
como si fuera otro país
y el país convulsionado
por el poder
cincuenta muertos
una vida jamás se olvida
un paso fuerte
muy pronto
despertarán las mariposas y las golondrinas.

CELEBRACIONES

CANTO PARA AGRADECER

Ellos son amigos
Y no lo pensé
Ellos iban conmigo
En el desierto
En una mañana
el verano se tornó vacío
Como invierno cruel
Yo estaba perdida
No había camino
Ni cielo ni purgatorio
Abrieron su puerta
Y el corazón lucía
Flores luces y guirnaldas
Un poco de abrigo
la sed en demasía
calma el agua bendita
Para todos alcanza
Un ángel que trae
Vida y salvación
Un canto.

LA VIDA NUEVA

De maldad y bondad
En mil lenguas y dialectos
Ella salva los designios
Son de Dios
En el último día vida
Su maldad
Un cambio sin fin
Un confesionario
Camino de muerte
Camino de enseñanza
Conoce el desprecio
Pudo hacer Dios en su poder
La misericordia la salvó.

PRIMAVERA

Un invierno ensalzado
despierta
como primavera
como el agua de la fuente
amor en tu sonrisa
se posa en mis labios
como mariposa
es bella es hermosa
tu presencia y aroma
escondido de la vida
lecho
como primavera

EL MAR

El verano más bello había nacido en mi Perú
Tomé mi camioneta
Un pañuelo
Y una gaveta
rumbo al norte me despedí
Y ha Zorritos llegué
Sin sandalias llegué
Y caminé en el alborotado mar
un espectáculo se armó
Los bañistas en el mar
Las familias y sus hijos
la arena color del sol
una dorada alfombra que se eleva
tiende el viento
a mi paso se contornea
con garbo besa el sol brillante como el oro
Aves y peces bailan en el mar
Se sumergen y se van
mientras bebo un champán
burbujas doradas por doquier
todas brillan con el sol.

UNA POSIBILIDAD

Enredos y palabras
Ley sin ley
Iluminado y controlado
El sol mira su esencia
descubre
El rostro envuelto en nada
De cuando en cuando manipulación
Deseo oscuro
Claro
Desesperación
Miedo
Una posibilidad de lo imposible
Complejo el ser engañado.

IMPACTO

El sol arde al mediodía
quema fuerte y el trabajo agobia
37 grados y asciende
Ellos y ellas ni lo sienten
Porque un pan a su mesa tiene que llevar
Aunque en la tienda no haya
Ni en el bolsillo para comprar
Los rayos del sol como agujas caen en la piel
Y la vida cantando pasan
Alegres y festivos
Mañana, tarde y noche
Y sin pensar pienso en él
El aire es una caricia en el rostro
El atardecer compensa el día
Todo en buena compañía
Al paso
Agua, limón y limonada
el cabello ondulante coquetea
las finas siluetas se mueven
rostros bellos como de marfil
el amor como poesía florece
los pensamientos murmuran

alguien habla
Oscar de león en la Habana suena mejor
No se cómo la hacen, pero la hacen
Felices al son del son
el corazón estrujado canta
Hombres y mujeres en las calles están
una fila termina y la otra comienza
casi al anochecer
la vida canta y
La Habana es otra.

FESTEJO

Era el día del habano
Un día de fiesta alborozada
La Habana sonríe
El mejor perfume obtiene
Un habano
Cuba abarrotada estaba
Caminan por acá y caminan por allá
Todo es fiesta
Ventas por doquier
Rostros emancipados, recios y curtidos
Todos llevan
las cooperativas abarrotadas
a mitad de precio —Dicen
es un día para festejar y también para bailar
La Habana a yerba respira
ron bebe para olvidar
la tarde enamora a la noche
Las casas hablan calladas
Qué no habrán visto?
Aunque parezcan derrotadas
en pie están
en silencio

hay complicidad
Elegantes, sobrias y majestuosas
Son las mujeres de La Habana
el mármol y el granito
Piden clemencia
trato bueno
Ellos no se dan cuenta
Un brillo tiene la Habana
Un brillo y algo más.

CUBA

En su ser respiré la magia
Lleva arte para olvidar
El susto a primera vista
engaña
Al día siguiente La Habana resuella
paz y tranquilidad
como los dioses
ni pisca de soberbia
ni un ápice de miseria
aunque pobreza a cada paso haya
en un minuto o en un segundo todo puede cambiar
El aire puro quita el susto
la fuerza fresca en el umbral
el convencimiento la nobleza y humildad
la soberbia y maldad allí no existe más
aunque molestias tengan
ríos de paz hallarás
en sus venas hay esperanza
ansias de libertad
La Habana espera
un nuevo día para festejar.

AL SON

la Habana vieja recuerda lo bueno
Silvio y su trova
Celia y su azúcar
Aunque con Mark Anthony baila
hasta de madrugada
la Habana
brilla en la noche
brilla en el día
el sol es su aliado
la música al compás festeja sin parar
con mojito y piña colada
Hemingway dice salud
una taberna y otra
todo cerquita aquí no más
en una banquita de la San Francisco
Chopin allí está
aunque Cuba libre no se vea más
recuerdos tan solo recuerdos
y un son para recordar.

AMBIENTE ALCOBA Y CARA NUEVA

La Plaza comenta
Ella habla
La Habana Vieja
Conserva juventud y aprecia
Mujeres lindas
Mujeres bellas
él con ella y ella con él
las pieles entrelazadas
una mezcla de luz le da al color
bellezas de cuellos largos
son mujeres
de contorneadas siluetas
colores a pedido tiene la Habana
ojos en catálogo
diversos
hombres y mujeres
caminan de la mano
a veces un príncipe y otras una reina
con ternura y bondad
allá va la princesa
en la calle a todo dar
aunque no lo parezca
parece sobriedad

conversadores al paso
en la esquina te hallarán
el aire respira a nuevo
la lluvia cae y se lleva
ambiente y alcoba
una cara nueva
en un nuevo día todos quieren trabajar
es la Cuba de Fidel un invierno sin final
más ellos y ellas solo fuerza sacarán
un invierno o un verano que será para recordar.

DEFINICIÓN

Un gol define la jornada
Mil versos interrogan
Una sentencia
Una condena
Marca la definición
Pone el ritmo
La audacia y el equilibrio
Es el tono y mi son
Duda y fortuna
Sobrevivir
Por ti por mí
Mil voces
Definen situaciones
Salva vidas
Dientes que relucen.

LA MENTE SOLA

La inconciencia vaga y divaga
sin saber de ti sin saber
conoce todo
aunque encerrada esté muy dentro de sí
puede ser terrible
sin sentido vaga y se lleva el ser
en medio de las calles en la nada
la noche embriaga
que si estarás no lo sé
no lo sé
quizá sola
se viste de fiesta y la veo
se viste y se duerme
amanece bailando con el ritmo del sol
la inconciencia se ha ido
palpita
hoy es otro día para festejar.

ROGELIO

Es un gatito juguetón
parece choco fresco
de dos colores para saborear
juega aquí y juega allá
todo rompe y todo muerde
Choco fresco el dormilón
mi gatito destructor
aunque no sea mío
mío es
un poco de agua y comida
cuando Milka no está
duerme y ronca
Rogelio pasea todas las mañanas por el vendaval
a los gatos viejos hace renegar
juega con su cola
les quita su comida
por aquí y por allá
Rogelio con Benito va.

MI DESTINO

La poesía
Como la vida es una sola
En tantos idiomas
una oración de belleza
nos pasa día a día
Un cálido sentido
Un retrato innombrado
luz que repite en calma mi alma
bosque que reverdece
Una vida en la sombra
Un espejo dorado
plateada como la luna
un animal agazapado
como la faz del mar
tranquilo dormita en la esperanza
Como el sol como la luna
Sin resignación ilumina
Y otras veces es tormenta que escribe
A la suerte
Al amor
A lo equitativo
A lo justo
Al ritmo de la música
En el idioma menos complicado

O el más construido
Con sutileza mira
Con admiración observa
Una palabra, un verso, un poema
decanto día a día
la llama de la vida.

EL OLOR DE LA TIERRA FRESCA

LA CASA DE MIS PADRES

Un recuerdo que llevo con amor
mi casa era de tejas
como el templo del saber
forjada con esfuerzo
adornada con bondad
con olor a manzanilla
cedrón y yerba buena
menta como aliciente
para el ambiente
son días de lluvia
el olor a tierra fresca y un honguito para jugar
en el campo
olor a eucalipto y nogal
como días de sol para juguetear
mi casa un rebaño de paz
sonríe con amistad
el ir y venir de toda la vecindad
Cobijada en el terrado o escondida en el zaguán
En casa de mis padres siempre habrá
bondad y buen amor
hierba luisa
panizara y cedrón
de las manos de mi abuela
sopita caliente cobijada bajo el fogón

un cafecito con sabor a ilusión
Mi casa y mis padres esperan por mí
un pan caliente y un desayuno para ti
Mi casa era de tejas
en un pedacito de mi corazón
lo dibujé.

CAJABAMBA

Cajabamba eterna
juegas con la magia de tu encanto
atraes con amor
El Cajabambino, el Huamachuquino y el Cajamarquino te
recitan a su paso
y se van con él
El Crisnejas
aflamado como Gladiador avanza adelante
por la orilla los invitados
y al frente el Chochoconday
Quengococha y Yawarcocha encantadas
como espejos reflejan tu mirar
el valle de Condebamba
un misterio
lleva frutos
la vida nace en el vientre de la cordillera
con ojos cristalinos alborota
el agua caliente llega al visitante
Los cohetes dan la bienvenida
es tu aniversario mi amada Cajabamba
visitantes van
por la Grau, Bolognesi, Carlos Heros y O'donovan
Los vecinos siempre atentos
las cumbres empinadas
los campos se han vestido de fiesta
has llegado
Un orgullo sin final hace latir el corazón
por la tierra amada
Cajabamba

recuerdo los años paso a paso contigo
con tu gente
las sinfonías hechiceras llenas de melodías
hablan del amor
posible e imposible
de la fiesta de octubre
de la Virgen del Rosario
Cajabamba
es el carnaval que añoro
es el futbol es el vóley y también la marinera
de los chicos del colegio
JG, INEI 15, el Rosario, el Agro y el Femenino
en su estadio de primera división
Coplas y versos para ti
Maestros en el atardecer
Llenan las páginas con cultura y madurez
la marinera con un pañuelo y una flor
aunque llueva y haga frío
me recuerda el amor
allí se baila y se goza la vida
El corazón vive otra vez
en la siempre elegante
ciudad de Cajabamba.

PASO DOBLE

Palmas y coros
Bailes
Cintas y guirnaldas
Voces y canciones
Una trompeta
Un paso doble
Un par de banderillas
La plaza relucía
Tras pasada y pasada
Olé gritaban algunos
Otros levantaban los keros
Los vasos y las copas
Salud
Con chicha pisco y aguardiente
Olé para el mejor
Dos rabos y una oreja
Olé para surtir la copa
Olé y algo más
El ambiente citadino
La plaza vuelve a relucir
Rojos brillantes
Amarillo como el oro
Plateado color rosa y carmín
El cielo azul estaba allí

Celeste parecía
Y blanco como copos de algodón
Las gotas de lluvia como llanto caían
Y dolía
Verde como el prado
La ropa del torero
Un arcoíris
Soberano como el bondadoso pueblo
Una tarde como cualquiera
El pueblo se encamina
Un grillo vuela
Respira y brinca
Los jueces
Un indulto
Nada que se le parezca
Nadie como ninguno
Un pueblo
Un toro de lidia
El perdón o el sacrificio
El final llegará.

LAGUNA

Gloria a ti
a la libertad
de mirarme en el espejo azul platino
en Higosbamba donde te conocí
siervos que corren
patos y aves que sonríen
me elevan en su vuelo
sonrisa al viento
locuras que se desbordan
un amor
el camino al cielo
refleja tus ojos y los míos
en los tuyos.

EN EL CAMPO

Era un día como cualquiera
la casa de tejas y el árbol de capulí
al filo del camino
cobija al caminante
del sol incesante
o de la lluvia constante
bajo la sombra de sus ramas
hermosos capulíes
la tarde pasa lenta
la noche se vuelve de madrugada
en el borde del camino
la casa y el capulí
conversan
agradece al creador
doña Ines
con una canasta de capulí
cuy
y cecinas para mi.

www.ingramcontent.com/pod-product-compliance
Lightning Source LLC
LaVergne TN
LVHW090123160826
845673LV00015B/825

* 9 7 8 6 1 2 5 1 6 0 4 2 3 *